Yo
en el
MAPA

# Yo en el MAPA

por Joan Sweeney • ilustrado por Qin Leng

traducido por Polo e Ileana Orozco

Dragonfly Books ⟶🪰 New York

Para Peggy, John y Tom –J.S.

Para Clément, el experto en mapas –Q.L.

Text copyright © 1996 by Joan Sweeney
Cover art and interior illustrations copyright © 2018 by Qin Leng
Spanish translation copyright © 2023 by Polo Orozco and Ileana Orozco

Visit us on the Web! rhcbooks.com

Educators and librarians, for a variety of teaching tools, visit us at RHTeachersLibrarians.com

Library of Congress Cataloging-in-Publication Data is available upon request.
ISBN 978-0-593-64929-9 (pbk.) — ISBN 978-0-593-64950-3 (lib. bdg.) —
ISBN 978-0-593-64951-0 (ebook)

MANUFACTURED IN CHINA
10 9 8 7 6 5 4 3 2 1
First Spanish-language Dragonfly Books Edition

Esta soy yo.

Esta soy yo en mi cuarto.

Este es un mapa de mi habitación.

Esta soy yo en el mapa de mi habitación.

Esta es mi casa.

Este es un mapa de mi casa. Esta es
mi habitación en el mapa de mi casa.

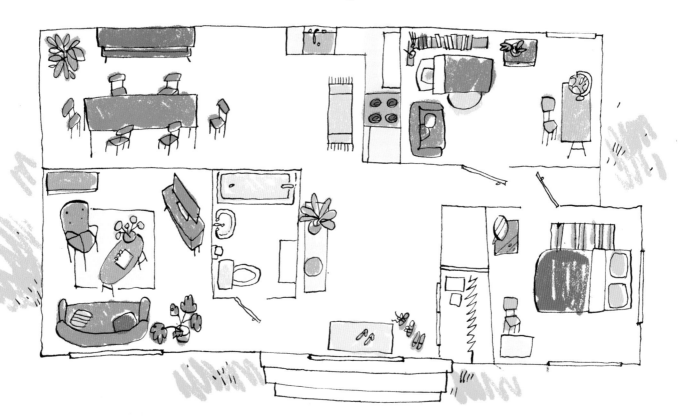

Esta es mi calle.

Este es un mapa de mi calle. Esta
es mi casa en el mapa de mi calle.

Esta es mi ciudad.

Este es un mapa de mi ciudad.

Esta es mi calle en el mapa de mi ciudad.

Este es mi estado.

Este es un mapa de mi estado.

Esta es mi ciudad en el mapa de mi estado.

Este es mi país. Los Estados Unidos de América.

Este es un mapa de mi país. Este es
mi estado en el mapa de mi país.

Este es mi mundo. Se llama Tierra.
Parece una pelota gigante.

Si pudieras desenrollar el mundo y aplanarlo...

... se vería parecido a este
mapa del mundo.
Este es mi país en el mapa
del mundo.

Entonces, así es como encuentro mi lugar especial en el mapa. Primero, observo el mapa del mundo y encuentro mi país.

Después, observo el mapa de mi país y encuentro mi estado. Luego, observo el mapa de mi estado y encuentro mi ciudad.

Luego, observo el mapa de mi ciudad y encuentro mi calle.

Y en mi calle, encuentro mi casa.

Y en mi casa, encuentro mi habitación.

Y en mi habitación, ¡me encuentro a mí!
Tan solo piensa...

… en habitaciones, en casas, en calles, en ciudades, en países de todo el mundo, todos tienen su propio lugar especial en el mapa.

Igual que yo.

Igual que yo en el mapa.

# Este libro le pertenece a:

Nombre _____

Calle _____

Ciudad _____

Estado _____

País _____